PIERRE FOURIER

ET

LE RÉVEIL

PAR

M. l'Abbé J. DEBLAYE

NANCY

SOC. NANCÉIENNE DE PROPAGANDE, LIBRAIRIE NOTRE-DAME
63, rue Saint-Georges, 63
—
1882

PIERRE FOURIER

ET

LE RÉVEIL

Le titre de *Réveil,* dont s'est paré le nouveau journal républicain de Mirecourt. n'est peut-être point sans prétention déplaisante. Par hasard est-ce qu'il supposerait que le public auquel il s'adresse, est plongé dans la somnolence et engourdi dans des préjugés non patriotiques ? Est-ce qu'il s'attribuerait la mission de sauver la République, en se faisant la sentinelle du capitole ? Une seule fois les oies furent admises à l'honneur de sauver la République romaine ; mais sans cesse on est importuné par le bourdonnement des mouches du coche. La suite nous dira dans laquelle de ces deux catégories il convient de classer le *Réveil.*

Annoncé pour le 15 juillet, il a seulement paru le 30 ; longue avait été l'attente ; grande fut la surprise et unanime la désapprobation.

L'acteur, qui débute sur la scène, se pare d'un élégant costume, fait toilette, et quelquefois se munit d'un adroit compliment, aux fins de captiver la bienveillance du parterre. Ces précautions sont d'une sagesse toute élémentaire. Dame ! qui oserait provoquer un concert de sifflets pour illustrer ses débuts ?

Le *Réveil*, à peine né, est un intransigeant ; il méprise toutes les précautions oratoires ; il repousse toute la diplomatie des ménagements et des précautions. à l'instar des fiers républicains de 1793 qui inventèrent le tutoiement, affectaient le débraillement et se coiffaient du bonnet rouge.

Soit présomption sur la valeur de sa prose, présomption bien gratuite ; soit mépris de ses lecteurs : soit besoin d'affirmer plus hautement son républicanisme, il préfère la crânerie ' allures et l'audace des attaques.

hardiesse de son début, pressentez ce qu'il osera, quand il sera devenu grand et fort.

Le chef-d'œuvre du nᵒ 1 du *Réveil* se trouve en tête de la « chronique de l'arrondissement de Mirecourt », et a pour titre : « La Neuvaine de Mattaincourt », il est suivi de « La fête nationale à Mirecourt. » Pour rabaisser la Neuvaine, l'infidèle Chroniqueur exagère les beautés de la fête nationale. La vérité est que celle-ci, en dépit du « soleil resplendissant dans un ciel bleu », et des « applaudissements, éclatant de tous les coins de la place », ressemblait on ne peut davantage à un tout vulgaire enterrement. Il est bien entendu que je parle seulement de l'enthousiasme de la population, à l'exclusion des drapeaux et des illuminations.

Quant à la neuvaine, le *Réveil* n'y a rien compris et n'y peut rien comprendre ; mais il est bien évident que ces manifestations lui déplaisent. Aussi, pour rendre celle-ci ridicule et odieuse, il a entassé dans trois colonnes de prose indigeste toutes les grosses plaisanteries qu'a pu enfanter son cerveau ; elles portent sur les évêques dans leurs atours, — sur un miracle soi-disant annoncé et raté, — sur l'impuissance de P. Fourier à faire des miracles, — sur la bure de 30 fagots, remède peu coûteux contre le choléra et le phylloxera, — sur l'inclémence de la température, — sur la fête ratée, — sur l'effet fantastique des sapeurs-pompiers, — sur les curés crottés, etc,, etc., etc.

Tout cela est sans aucun fond de pensées et très pauvrement écrit, jusqu'à mériter la surprise d'hommes sans lettres et leur arracher de grosses exclamations. Notons, à la décharge du *Réveil*, de nombreuses circonstances atténuantes : N'a pas d'esprit qui veut ; — écrire bien le français est surtout chose difficile ; — le *Réveil* est jeune et peut apprendre l'art d'écrire. Seulement, jusqu'à ce qu'il ait appris cet art et que l'esprit lui soit venu, il fera bien de rester modeste : c'est le moyen de se faire pardonner quelques fautes.

Une pareille avalanche de pauvre prose sur la fête de Mattaincourt avait une bien autre déplaisance que les pluvieuses fantaisies du Verseau ;

mais ceux-là seulement qui ont pu lire cette prose, comprendront la somme et le genre d'esprit dépensé maladroitement par MM. du *Réveil* pour écraser, sous le ridicule et le mépris, la grande manifestation d'estime et de vénération que tous nous aimons à renouveler, chaque année, envers le Bon Père de Mattaincourt.

Franchement, le résultat poursuivi par le *Réveil* n'est ni honorable, ni patriotique. Le *Réveil* pouvait dépenser, dans une œuvre meilleure, son temps, son argent et sa peine. « Il y a tant à faire d'aimer et d'être sages », écrivait P. Fourier, le 22 octobre 1631, à MM. les Marchands et Maîtres Drappiers de Mirecourt. MM. du *Réveil*, en écrivant d'aussi pauvre prose nous autorisent à penser qu'ils n'ont pas compris ce devoir d'aimer leurs semblables et d'être sages dans l'ordonnance de leur vie et dans la conduite de leurs propres affaires.

Oui, Messieurs, soyez sages dans votre vie et dans la conduite de vos affaires, de façon à être honorables et honorés de tous. Ceci vaudra mieux que le métier que vous commencez, celui d'afficher un si haut mépris de toutes les convenances et de froisser avec une telle audace et si peu d'apprêts, le Public que vous vous êtes donné mission de réveiller et de convertir, le Public de Mirecourt, le Public de toute la contrée.

Oui, en blessant toutes nos convictions honnêtes, toutes nos convictions religieuses les plus chères ; en déversant un ignoble mépris sur Celui qui est la gloire la plus pure, la plus haute et la plus chère de Mirecourt, de Mattaincourt et de toute la Lorraine, le *Réveil* s'est grossièrement trompé ; il s'est blessé lui-même et s'est exposé à des ripostes qui seront le juste salaire de son outrecuidante impertinence.

Jusqu'à ce jour, jamais une plume de Mirecourt, jamais une plume lorraine n'a écrit un seul mot de mésestime à l'adresse de Pierre Fourier Ceux qui ont pieusement scruté et recueilli tous les écrits le concernant, savent avec quelle sincérité les hommes intelligents de toute la Lorraine se sont efforcés d'exalter sa gloire et de propager sa vénération.

Le Mirecourt révolutionnaire doit, il est vrai, se reprocher la profanation de l'église de la Congrégation de Notre-Dame, dans laquelle il s'est fabriqué une salle de spectacle et le club qui est devenu la salle des bals officiels. Mais jamais Mirecourt, le Mirecourt honnête, le vévritable Mirecourt, n'a cessé de vénérer Pierre Fourier et d'en témoigner aussi hautement que possible ; et j'ajoute hardiment : *Jamais Mirecourt ne se départira de cette conduite, la seule qui soit digne et honorable.*

Pourrait-il en être autrement ? Pierre Fourier, né à Mirecourt d'un marchand drappier, qui comptait parmi les plus honorables de cette confrérie, est la gloire la plus pure, la plus éminente de sa ville natale, comme honnêteté de vie, comme valeur intelligente, comme puissance d'œuvres et comme dévouement patriotique.

Si Pierre Fourier n'était pas saint reconnu par l'Eglise, il serait encore un grand homme, et un tellement grand homme, qu'on en rencontre bien peu d'aussi grands, à travers une longue suite de siècles. A messieurs du *Réveil*, qui s'efforcent avec tant de légèreté d'amoindrir le culte de Pierre Fourier, il nous sera bien permis de dire : « Pour Dieu, Messieurs, avant de commencer cette besogne, il fallait, — cela est de rigueur, — nous apprendre ce que vous avez fait jusqu'à ce jour, quels sont vos états de services. »

Pierre Fourier fut le bienfaiteur insigne de sa ville et de toute la contrée, par l'institution des Religieuses de la Congrégation de Notre-Dame, qu'il fonda pour donner l'*Instruction gratuite* aux petites filles : et ses Religieuses la donnèrent à Mirecourt, à presque toutes nos villes lorraines et beaucoup d'autres de France et d'Allemagne, depuis les premières années du XVIIe siècle jusqu'à la grande Révolution.

Un autre titre de gloire de Fourier, c'est son Patriotisme. Oh ! ne protestez pas, MM. du *Réveil* : Nous n'ignorons certes pas que P. Fourier ne fut pas républicain, par cette raison bien simple, que la République ne date pas l'origine des choses. Mais on est patriote, nonobstant qu'on ne soit pas républicain. Est-ce que plusieurs ne se proclament pas républicains, ré- publicains à tous crins, simplement parce qu'ils ont endossé le pardessus de l'intransigeance et chantent la *Marseillaise* à tue-tête? Il n'y a là au- cune preuve de patriotisme. Le véri- table patriotisme, c'est le sacrifice de soi à la chose publique. Cette vertu s'épanouit sous tous les climats et sous tous les régimes.

Pendant toute sa vie, Pierre Fourier fut un grand Patriote : toutes ses gran- des œuvres en sont la preuve. S'il y visait premièrement la gloire de Dieu, il y poursuivait d'une ardeur égale le profit de ses concitoyens, le bien de tous Quand vinrent les extrêmes misères de la Lorraine, son Patrio- tisme grandit jusqu'à l'héroïcité ; il sut résister à une passion insensée de Charles IV ; il affronta tous les dangers dans les conseils qu'il donna au prince Nicolas-François ; et pour rester Lorrain, fidèle à ses Princes, il empoigna généreusement l'amer calice de l'exil jusqu'à la mort. Aussi l'héroïque Patriotisme de Fourier ne cesse de ravir d'admiration ses historiens et la postérité.

Comment la ville de Mirecourt et toute la Lorraine ne seraient-elles pas fières de Fourier ? Comment se pourrait-il faire que Mirecourt et la Lorraine reniassent jamais le respect de la mémoire de Fourier ?

Mais songez y bien, MM. du *Réveil*, MM. les Ligueurs et Topographes, vous n'existiez pas encore, et personne ne songeait à vous, quand Pierre Fourier, enfant de Mirecourt, fondait cette grande œuvre de l'*Instruction gratuite* des petites filles, sans puiser dans les budgets de l'Etat ni des communes. Ainsi, il vous a devancés de près de trois siècles, et il vous dépasse de mille coudées.

Et c'est de cette gloire si grande et si pure que MM. du *Réveil* les premiers et les seuls depuis plus de deux siècles, ont osé se moquer en plein soleil, dans le premier numéro d'un journal spécialement adressé à la ville et à l'arrondissement de Mirecourt, espérant qu'à leurs moqueries répondraient les moqueries et les rires des habitants de Mirecourt, de Mattaincourt et de toute la Lorraine, et qu'ainsi ils feraient tomber dans le mépris et l'oubli la vénération et la gloire de Pierre Fourier.

Disons le mot, sans reticence : cette entreprise est de la folie ; cette entreprise est un outrage à la ville de Mirecourt et à toute la Province.

Mais on me crie : « Le *Réveil* n'est « point de Mirecourt ; il s'imprime à « Nancy, et son personnel est étran- « ger à notre ville ; il vient on ne sait « d'où. » — J'ignore en réalité d'où sortent MM. du *Réveil*. Seulement, s'ils ne sont que des étrangers, ins- tallés depuis peu dans la ville de Mi- recourt, la maladresse qu'ils ont com- mise n'en serait que plus grossière et plus impertinente.

Puis, disons-le avec franchise : tou- te la contexture de l'article que je blâme, me paraît l'œuvre d'un pauvre hableur, né et élevé dans la ville de Mirecourt, jeune homme raté, qui n'a pas su aimer les siens, ni être sage.

Allons ! Messieurs du *Réveil*, à bas les masques ! Dites-nous qui vous êtes. Déployez devant le public toutes les pièces de votre portefeuille ; vos états civils et... vos casiers judiciaires, si vous en possédez. Il faut bien que nous sachions à quels hommes nous avons affaire.

Si, plus tard, il vous convient de publier encore des articles semblables à « La Neuvaine de Mattaincourt, » signez les hardiment de votre nom propre, pour qu'il n'y ait point de méprise. Il n'est pas permis d'outrager qui ce soit, en déguisant son nom sous des initiales ou sous un pseudonyme, ou en le taisant. Il faut avoir le courage de ses mépris et de ses outrages; il faut en assumer franchement toute la responsabilité. Cette morale est de tous les temps, et de toutes les opinions ; elle est surtout républicaine.

Quant à vous, M. X...., auteur de la Neuvaine de Mattaincourt, il nous tarde de vous connaître ; paraissez bientôt et nommez-vous.

L'ABBÉ J. F. DEBLAYE.

Poussay, le 4 août 1882.

P. S. Je ne m'étais pas trompé, en préjugeant que l'auteur de la Neuvaine de Mattaincourt, est un enfant de Mirecourt, qui serait, dit-on, le Rédacteur unique du *Réveil*. Il faut le regretter profondément pour l'honneur de Mirecourt et pour celui d'une très honorable famille. Ce qui tout d'abord avait, en partie, donné le change à l'opinion, c'est que la vente du journal, les annonces, ou la partie commerciale, sont la part d'un industriel originaire d'un département voisin. Pour le profit de tous, je souhaite que le Rédacteur, si mal avisé à ses débuts, reconnaisse sa faute et la répare, en écrivant désormais avec bon sens et honnêteté, si toutefois cette dernière tâche n'est pas au-dessus de ses forces.

10 août 1882.